AF461071

A M.

de la part du rapporteur.

EXPOSITION

DES BEAUX-ARTS ET DE L'INDUSTRIE

OUVERTE A ALBI

du 25 avril au 10 juin 1866

A L'OCCASION DU CONCOURS RÉGIONAL AGRICOLE.

RAPPORTS

SUR

L'EXPOSITION DES BEAUX-ARTS

(Section des **ARTISTES VIVANTS**)

FAITS AU NOM DU JURY

PAR M. LOUIS DESAZARS

Substitut du Procureur Impérial

L'UN DES MEMBRES DU JURY.

ALBI,

IMPRIMERIE DE MAURICE PAPAILHIAU.

1867.

RAPPORTS

SUR

L'EXPOSITION DES BEAUX-ARTS

SECTION DES ARTISTES VIVANTS.

I.

RAPPORT

SUR LA PEINTURE, LE DESSIN, LA SCULPTURE

ET L'ARCHITECTURE.

MESSIEURS,

Soixante-quatre artistes vivants ont exposé dans la section des Beaux-arts proprement dits, et leurs œuvres s'élèvent au nombre de deux cent sept.

Depuis longtemps déjà, l'on proclame la décadence de l'art. On dit les Romains inférieurs aux Grecs. La Renaissance ne peut être comparée à l'Antiquité. Nos artistes modernes ne valent pas ceux de la Renaissance. Et, dans notre siècle même, l'époque actuelle est spécialement l'objet de la critique des habiles.

Or, si l'on apprécie de cette façon les plus grandes

expositions de la Capitale elle-même, nous ne pouvons nous attendre à ce que l'on soit plus indulgent pour l'Exposition d'Albi. Sans doute, si l'on se borne à juger l'ensemble des œuvres produites, on a le droit de se montrer sévère. Mais, lorsque d'une revue générale on passe à un examen attentif, on découvre facilement un assez grand nombre d'ouvrages dignes de satisfaire les plus difficiles et de mériter leurs éloges. Le jury a donc pu décerner des récompenses basées sur la valeur réelle des œuvres distinguées.

§ I. — Diplôme d'honneur.

1. M. Sudre.

1. — La plus élevée de nos récompenses, le diplôme d'honneur, a été décernée à un Albigeois, demeurant à Paris, M. SUDRE (Jean-Pierre). Tout le monde connaît cet artiste octogénaire, ce patriarche de la lithographie, ce précurseur des Mouilleron et des Jullien, cet ancètre des Leroux et des Célestin Nanteuil. Sa réputation date déjà de 1818, époque à laquelle Engelmann et Ferdinand de Lasteyrie introduisirent en France la lithographie, inventée à Munich par Aloys Senefelder. Elève de David, formé à l'école des grands maîtres, M. Sudre pouvait mieux que tout autre faire accomplir des progrès considérables à cet art nouveau. Il y réussit en peu de temps ; et, aujourd'hui encore, son œuvre lithographique n'a pas de rivale.

Compatriote d'Ingres, M. Sudre a toujours été son disciple dévoué, son fidèle vulgarisateur. Il a reproduit par la lithographie la plupart des chefs-d'œuvre de l'illustre peintre Montalbanais. Il n'aurait su choisir un meilleur maître à interpréter. En effet, M. Ingres est sans conteste le chef de l'école classique, et représente dans l'art la tradition incorruptible et grandiose de l'antique et des vieux maîtres.

Mais si, d'un avis unanime, l'on reconnaît à M. Ingres la noblesse de la composition et la pureté du dessin, quelques-uns lui contestent l'énergie de la passion et la poésie de la couleur. Ses tableaux n'ont donc rien à perdre à être reproduits par le crayon. Ils peuvent même y gagner, et nous serions tentés de le croire en voyant les magnifiques lithographies de M. Sudre qui représentent : La *Chapelle Sixtine* (nº 208), *Œdipe et le Sphinx*, et *Angélique enchaînée à un rocher* (nº 209).

La *Chapelle Sixtine* date de 1833. Cette lithographie nous montre le Pape assistant à la messe, entouré des grands dignitaires de l'Eglise et des officiers de sa maison. Son principal mérite est d'être la plus grande planche lithographique obtenue jusqu'à ce jour. — Le jury a goûté davantage l'*Œdipe* et l'*Angélique*. En effet, ce qui caractérise la lithographie, ce sont l'harmonie, l'exécution sobre, le dessin ferme. Et toutes ces qualités sont réunies au suprême degré dans ces deux œuvres.

M. Sudre excelle également dans la reproduction des anciens. L'*Innocence* (nº 210), d'après Greuze, nous ravit par la grâce du sujet et par la finesse de l'exécution. L'*Ecce Homo*, d'après Guido Reni, rend bien le sentiment de résignation douloureuse exprimé par le peintre. Mais la *Vierge à la Chaise* (nº 210) est surtout digne d'admiration; il était difficile, même à la gravure, de rendre d'une façon plus large, plus puissante, plus harmonieuse, le chef-d'œuvre de Raphaël.

M. Sudre a, enfin, exposé un *Portrait de Chauveau-Lagarde* (nº 208), d'après Rouillard. Cette copie est presque un original. On ne peut concevoir un ensemble mieux étudié et plus fini. La tête a l'aspect chaud et vivant de la peinture.

Toute restreinte qu'elle est, cette exhibition des œuvres

de M. Sudre nous fait facilement comprendre les nombreux succès que cet artiste a remportés. Lauréat du Salon de Paris dès 1828, il le fut encore en 1834 et fut mis hors de concours à partir de cette époque. Malgré cela, les témoignages les plus flatteurs n'ont pas cessé de lui être prodigués tant en France qu'à l'étranger. Et notamment, il a été, en 1853, l'objet d'une mention spéciale et d'un rapport officiel inséré au *Moniteur universel.*

Il ne manquait donc plus à M. Sudre qu'un témoignage public de l'admiration de ses compatriotes. Notre jury s'est empressé de le lui décerner. Et il s'estime heureux de pouvoir honorer ainsi, dans sa verte et féconde vieillesse, une des gloires contemporaines les plus pures de l'Albigeois (1).

§ II. — Médaille d'or et rappels de médailles d'or.

Médaille : 2. M. Cambos.

Rappels : 3. M. Perrot; — 4. M. Chalons; — 5. M. Amé.

2. — La médaille d'or a été décernée à un statuaire, M. Cambos (Jules), né à Castres, élève de Jouffroy, et demeurant à Paris. Très-certainement, personne n'est venu à l'Exposition sans admirer sa statuette en bronze, exquise

(1) M. Jean-Pierre Sudre n'est pas le seul de sa famille qui ait bien mérité de ses concitoyens. Le souvenir de son frère *François* est également présent à Albi. Chacun se rappelle l'inventeur de cette langue musicale, proposée comme langue universelle, afin de lever l'antique malédiction de Babel et de renouveler le prodige de saint Paul en l'étendant encore, puisqu'on arrive à se faire comprendre non seulement de tous les peuples de la terre, mais encore des aveugles et des sourds. — Le tableau des travaux de linguistique de feu François Sudre a été placé à l'Exposition près de l'œuvre lithographique de son frère (nº 211 du Livret).

de grâce et de poésie (n° 28). On connaît la fable de La Fontaine, *La Cigale et la Fourmi.* M. Cambos s'est borné à représenter l'une des deux héroïnes du poète. Mais, faisant le contraire de Grandville qui a si spirituellement donné aux bêtes des formes humaines, il a métamorphosé la cigale du fabuliste en une jeune fille court-vêtue, à la figure mélancolique, aux membres amaigris. Elle a vingt ans à peine. Bohême de l'art musical, elle a *chanté tout l'été* et *à tout venant* ses gais refrains et ses touchantes mélodies pour le plaisir de chanter et sans souci de l'avenir. Maintenant, *la bise* est arrivée, et la pauvre chanteuse *se trouve fort dépourvue* et contre le froid et contre la faim. Repoussée par les passants aussi peu charitables que la fourmi du fabuliste, presque nue, adossée à un tronc d'arbre, elle baisse la tête sur son sein, arrondit ses épaules, serre ses bras contre sa poitrine sans quitter sa chère guitare, grelotte de tous ses membres et souffle sur ses doigts glacés pour y ramener la chaleur. Il était difficile de rendre cet épisode de la fable de La Fontaine d'une façon plus spirituelle et plus sensible.

Mais il y a plus qu'une traduction originale. L'influence mélancolique du XIXe siècle a transformé le sujet railleur du XVIIe. L'apologue est devenu, en outre, une élégie. Non seulement le spectateur est charmé, mais encore il est ému. L'œuvre de M. Cambos est tout à la fois satisfaisante pour l'esprit, pour le cœur et pour l'art.

Un seul reproche a été fait à cette statuette. On a critiqué la taille exagérée de la jeune fille et notamment la longueur quelque peu disproportionnée de ses jambes. — Il est certain qu'un artiste grec aurait hésité à représenter ainsi cette jeune fille. Il aurait évidemment construit son corps de femme avec la grâce robuste et la puissance plastique de l'antiquité. Mais M. Cambos a préféré la finesse florentine à la pureté athénienne. Et il a donné à son héroïne les formes sveltes, élégantes, un peu chétives de la beauté moderne. Il a suivi en cela les traditions du Primatice et de Jean Goujon. Il a surtout imité notre illustre Pradier. — D'un autre côté, son sujet lui commandait presque cette exagération de parti-pris. Il représentait une jeune fille qui n'est plus une enfant, mais qui n'est pas encore une femme. Et il s'agissait de transformer aussi fidèlement que possible la cigale aux membres longs et grêles.

Cette statuette devait donc obtenir les plus grands éloges de la part de ses juges, et elle a remporté leurs meilleurs suffrages. — Au reste, elle n'est que la réduction de la statue que M. Cambos a exposée à Paris en 1864 et qui lui a valu une médaille d'or.

Le jury a considéré cette réduction comme une œuvre nouvelle. Il lui a décerné la seule médaille d'or qu'il ait jugé convenable d'accorder, et il se félicite que cet acte de justice puisse être fait en faveur d'un enfant du Tarn, dont la ville d'Albi possède déjà une œuvre importante et souvent admirée, le buste colossal du maréchal Soult (1), et qui, cette année encore, vient d'être à Paris l'objet d'une nouvelle distinction pour sa statue de la *Femme adultère.*

3. — La peinture a été moins heureuse que la statuaire. Elle n'a obtenu qu'un rappel de médaille d'or, en la personne de M. Adolphe Perrot, peintre à Toulouse.

Trois toiles ont été exposées par cet artiste : deux portraits (nos 147 et 148) et un tableau de genre représentant les *Apprêts d'un déjeûner sur l'herbe* (no 146).

Ce dernier sujet n'est qu'un prétexte à nous montrer,

(1) Voir notamment le compte rendu des Congrès archéologiques de France, année 1863, page 504. — Ce buste, ordinairement placé dans une des salles de l'Hôtel de la Mairie, se trouve en ce moment dans la salle K de l'Exposition (no 241 du Livret).

au milieu d'un parc verdoyant, un assez grand nombre de femmes dans les positions les plus diverses du nonchaloir. Elles sont assises ou couchées autour de la nappe blanche étendue sur le gazon soyeux. La tête ruisselant de cheveux noirs ou blonds, le front couronné de fleurs et d'herbes folles, les yeux pétillants de joie, la joue empourprée, les chairs palpitantes, le corsage entr'ouvert, la jupe relevée, les pieds nus ou à peine cachés dans des mules de satin, elles rient, chantent ou devisent, tandis qu'une soubrette bien cambrée apporte, sur un plateau de cristal, des flacons gracieusement pansus où transparaissent diverses liqueurs vermeilles, des verres à faire illusion aux verriers de Murano, des fruits à désespérer la nature elle-même. On dirait du Diaz agrandi. La couleur est excellente. Les personnages sont bien groupés. Les fonds seuls laissent à désirer : ils manquent d'air ambiant, et l'on regrette que les rayons du soleil qui illuminent le premier plan ne viennent pas, à travers les arbres des bas-côtés, joncher de sequins d'or l'herbe verte de la prairie.

Le jury a goûté davantage le *Portrait de M. Vr L**** (nº 148). Mais il a surtout apprécié le *Portrait-étude de M. R****, maire de Paradou (Bouches-du-Rhône) (nº 147). La tête est belle et expressive; le front est large et encadré de cheveux noirs fièrement rejetés en arrière; les yeux brillent comme du jais; les chairs sont vivantes; le sang, — un sang pur, généreux, vermeil, — flue à fleur de peau; la bouche s'entr'ouvre pour parler; la main droite, seule visible, sort du cadre, se projette en avant et accompagne du geste la parole souriante qui s'échappe des lèvres. — C'est de la nature bien vue, bien sentie et bien exprimée. Il est rare de voir une peinture moderne aussi large de facture, aussi puissante de coloris. Ses tons, habilement chancis ou roussis, rappellent les vieux maîtres et font songer tout à la fois à la manière de Rembrandt et au coloris du Titien.

Ces trois tableaux ont déjà été l'objet de plusieurs distinctions. Sans cette circonstance, le jury leur aurait décerné une médaille d'or. Mais, en l'absence d'une production nouvelle non encore récompensée, il a cru ne devoir donner à M. Perrot qu'un rappel de médaille d'or. Et il a regretté que cet artiste se soit ainsi contenté d'exposer ses anciennes œuvres, tandis qu'il a un présent si beau à affirmer et un avenir plus brillant encore à conquérir.

4. — M. Paul Chalons, peintre-verrier à Toulouse, a obtenu, de son côté, un rappel de médaille d'or.

Le jury n'a guère apprécié son *Christ au Jardin des Oliviers* (nº 39). Il l'a trouvé peu conforme aux traditions des maîtres de l'art, telles que nous les ont léguées les frères Pinaigrier, les Jean Cousin, les Jacques de Paroy, les Jean Nogare, les Arnaud Desmoles, les Bernard de Palissy. Les jointures de plomb ne sont pas assez nombreuses. La plupart des rainures débordent sur les objets représentés, au lieu d'en suivre les contours. Et certaines plaques de verre sont d'une dimension trop grande. En agissant ainsi, l'on peut éluder quelques difficultés et gagner du temps, mais l'art n'y trouve pas son compte.

Le jury a préféré la verrière de *Saint Ignace de Loyola* (nº 38), exécutée d'après les dessins de M. Bernard Bénézet, l'un des meilleurs peintres de Toulouse. L'illustre blessé de Pampelune est représenté tête nue, couvert de son armure de fer, tenant l'épée d'une main et le gourdon de l'autre. Il veille en armes, malgré sa blessure, et semble méditer la fondation du nouvel ordre de religieux qu'il devait appeler les *Clercs de la Compagnie de Jésus* et qui ne tardèrent pas à devenir les janissaires du Saint-Siége, suivant l'expression de Benoit XIV.

Le jury s'est plu surtout à distinguer le vitrail de *Sainte Marie-Egyptienne* (nº 37), la courtisane régénérée, la Marie de Magdala du vᵉ siècle. M. Chalons n'a pas osé nous montrer cette repentie célèbre, telle qu'elle fut surprise par Zozime dans les déserts de la Lybie. Il ne l'a pas même représentée cachant son corps, nu depuis treize ans, avec le manteau que lui jeta ce patriarche pour s'entretenir avec elle sans blesser ses regards pudiques. Il a préféré lui donner le costume caractéristique de sa nation. Sa coiffure et ses vêtements ressemblent à ceux des momies du musée de Boulak. Des bandelettes retombantes ornent coquettement sa tête. Sa tunique s'entr'ouvre comme celles des Egyptiennes célébrant l'épithalame d'Athor et de Fla. A ses pieds, repose un sphinx de granit rose. Et, dans le fond, l'on distingue l'entrée d'un hypogée sur lequel se penchent de grandes feuilles de lotus. Fauve comme le bronze florentin, son visage a cette beauté languissante, cette grâce morbide qui caractérisent les filles de Pan-Mendès et d'Hephœstobula. Ses yeux profonds, pensifs, mystérieux, frémissent de volupté. Ses chairs pantelantes se devinent sous sa robe mobile. On dirait d'une hétaire plongée dans cette béatitude lascive, dans ce kief passionné qui rappellent les ardeurs d'Aphrodite et les langueurs d'Isis. — C'est donc plutôt la vierge folle que la repentie que M. Chalons nous a montrée dans sa verrière. Mais l'artiste hagiographe a su si bien faire oublier cette petite hérésie historique qu'on ne saurait avoir de scrupules à admirer sa composition hiératique si pure de dessin et si puissante de coloris.

M. Chalons fait honneur à M. Garipuy, son maitre. Et nous ne pouvons nous empêcher de faire remonter jusqu'à l'habile conservateur du musée de Toulouse la haute distinction conquise par son élève.

5. — Un rappel de médaille d'or a été, enfin, décerné à M. Amé (Louis-Marie-Emile), architecte du département du Cantal.

Son *Projet de restauration* (n° 3) *des chapelles absidales de l'église de Saint-Quentin* (Aisne) dénote une connaissance approfondie de l'architecture du Moyen-âge. On reconnaît facilement dans son travail l'œuvre d'un digne élève de M. Viollet-le-Duc.

Il en est de même du *Projet de restauration de la chapelle de la Vierge dans la même église* (n° 4) et du *Projet de restauration de la chapelle de la Vierge* (n° 5) *dans l'église Saint-Thibaut de Joigny* (Yonne). Toutes ces restaurations sont étudiées avec le soin le plus consciencieux et dessinées avec l'intelligence la plus éclairée.

Enfin, M. Amé nous a prouvé qu'il pouvait également composer des œuvres originales dignes d'éloges. Le jury s'est montré très-satisfait de son *Projet d'église* (n° 6) *pour Aillant-sur-Tholon* (Yonne). Et il lui a décerné un rappel de la médaille d'or qu'il a déjà remportée à Dunkerque.

§ III. — **Médailles de vermeil.**

6. M. Doze; — 7. M. Coulon; — 8. M. Labor; — 9. M. Ponthus-Cinier; — 10. M. Salabert; — 11. M. Drouard.

6. — M. Doze (Jean-Marie-Melchior), peintre à Nîmes, a exposé deux tableaux. L'un représente un sujet historique : *Sainte Elisabeth de Hongrie faisant l'aumône* (n° 78); l'autre un sujet de genre : *Folle et Sage* (n° 79).

Le tableau de sainte Elisabeth est bien compris. L'épisode qu'il représente n'est pas neuf. Il a tenté bien des peintres depuis qu'en 1836 M. de Montalembert l'a décrit avec son style imagé et puissant. Néanmoins, M. Doze a su rester original. L'illustre femme du landgrave de Thuringe, Louis IV, tient le milieu de la toile. Elle porte son costume royal. Son front est ceint du diadème. Elle laisse flotter sa robe traînante qu'un page relève. Et, de sa propre main, elle fait l'aumône à plusieurs pauvres qui entourent son palais.

Le second tableau de M. Doze a été préféré par le jury. C'est presque un apologue emprunté à un poète dont voici les vers :

Assises au pied d'un vieux hêtre
Que les brises d'automne, en passant, effeuillaient,
Aux derniers feux du jour qu'on voyait disparaître,
Deux jeunes filles travaillaient.

Aux plis légers d'une robe de gaze
L'une attachait dentelles et rubans;
Puis, sous ses doigts roses et blancs,
Se mariaient des fleurs d'azur et de topaze
Pour parer son front virginal.
Un vif rayon de joie éclairait son visage.
C'était la fête du village.
Elle s'apprêtait pour le bal....

L'autre jeune fille, au contraire,
Etait penchée avec ardeur
Sur un brun vêtement que porte la misère,
Et ses doigts délicats sur l'étoffe grossière
Semblaient faire courir l'aiguille avec bonheur.

C'est qu'un jour elle alla chez une pauvre veuve,
Dont le corps de haillons à peine était couvert;
Et, comme elle avait pris en pitié son épreuve,
Elle voulait, avant les mauvais jours d'hiver,
Lui donner une robe neuve....

. . . .

. . . .

M. Doze a très-bien interprêté le sujet un peu pâle qu'il avait à traiter. Le contraste est frappant entre les deux jeunes filles. Son dessin est facile et pur. Son coloris est ferme et lumineux. Et le jury n'a pas hésité à lui décerner une médaille de vermeil.

7. — Une distinction semblable a été accordée à M. COULON (Paul-Frédéric-Léo), originaire de Castres, capitaine au 40e régiment de ligne, qui a exposé trois peintures à l'huile et deux fusains.

Dans son premier tableau, M. Coulon représente des *Paysans romains poursuivis par des buffles* (no 44). La nuit approche. Le soleil, caché derrière l'horizon, embrase le ciel de ses dernières lueurs rougeâtres. Des paysans fuient dans une barque. Et des buffles, nageant dans le Tibre, les entourent en mugissant et menacent de faire sombrer la frêle embarcation.

La nuit arrive aussi dans le second tableau représentant *Le Tibre, Saint-Pierre de Rome et le fort Saint-Ange* (no 45), dont les silhouettes brunes se détachent sur l'horizon en feu.

Sans contredit, les procédés dont M. Coulon a usé dans ces deux tableaux étonnent au premier aspect. Mais la nature a ses moments de bizarrerie et de paradoxe où elle ne semble pas vraie, tant les effets qu'elle invente choquent les idées reçues et les règles établies; et c'est à ces moments-là que M. Coulon semble la guetter et la surprendre de préférence. On ne saurait trop blâmer des essais semblables, en ces temps où la tendance aux banalités n'est que trop grande. L'on doit plutôt encourager les artistes inquiets, chercheurs, ingénieux, qui nous apportent de telles études, même lorsque leurs efforts consciencieux ne sont pas complétement couronnés de succès.

En revanche, M. Coulon nous a paru avoir complétement réussi dans sa *Campagne romaine* (no 46). Le sujet est des plus simples : une vaste plaine nue, coupée par un canal recueillant l'eau marécageuse des Maremmes, et traversée par un troupeau de buffles; au fond, les Apennins sans doute, dont les pics glacés se détachent sur le ciel bleu de l'horizon. L'effet est grand, sérieux, farouche. On sent une terre autrefois féconde que la vie a abandonnée. Quant à l'exécution, elle est ferme, nette, robuste, tout-à-fait en harmonie avec le sujet.

M. Coulon a, enfin, exposé deux fusains représentant l'un les *Bords du Tibre* (nº 47), et l'autre les *Bords de l'Arno* (nº 48). Ce sont d'excellentes études. Elles ont puissamment contribué à lui faire accorder une médaille de vermeil.

8. — L'œuvre de M. Charles Labor, né et domicilié à Béziers, se compose de trois tableaux à l'huile.

Le meilleur est évidemment son *Effet de lune* (nº 107). Nous sommes en Espagne, au milieu des *sierras*, près de Cabanillas, sur la route de Madrid. Un pont hardi, tantôt velouté de mousse, tantôt tapissé de lambruches retombantes, est fièrement jeté sur un ravin profond. La lune perce un léger nuage et ses rayons d'argent glissent obliquement sur une flaque d'eau qui dort près d'un épais buisson. Le sujet est traité avec bonheur. La couleur est harmonieuse. L'effet est bien réussi. Il n'est guère de toile qui reproduise mieux ces belles nuits d'Espagne où la lune radieuse a des sérénités capables de faire pâlir notre soleil lui-même.

M. Labor nous transporte ensuite en France, dans les *Prairies communales de Tournus* (nº 108). Les bergers procèdent à l'appel des troupeaux avant la rentrée. Et l'on aperçoit au loin le clocher du village et les toits des maisons les plus rapprochées. Cette toile paraît moins étudiée que la première. Elle cherche à tromper l'œil plutôt qu'à rendre la nature.

Ce défaut est surtout sensible dans une marine qui n'est qu'une fantaisie de couleur et que M. Labor intitule : *Souvenir d'Orient* (nº 109). Depuis trente ans, la question d'Orient a été élucidée par nos peintres plus heureusement que par nos diplomates. Il suffit, pour s'en convaincre, de se rappeler les Marilhat, les Decamps, les Tournemine, les Gérôme, les Fromentin. Mais nous doutons que M. Labor puisse être classé, d'ores et déjà, dans cette illustre pléiade des révélateurs de l'Orient. Son tableau semble plutôt un souvenir de ses rêves que la reproduction de la nature prise sur les lieux, malgré le classicisme trompeur de ses maisons cubiques à l'épais crépi de chaux, de ses minarets aux tours vermeilles comme des peaux d'orange, de ses eaux d'un cobalt intense, de ses tartanes bariolées de couleurs éclatantes, et de ses figurines incendiées de lumière.

Quoiqu'il en soit, l'œuvre de M. Labor a été très-remarquée et mérite, sans conteste, une médaille de vermeil.

9. — M. Antoine Ponthus-Cinier est peintre à Lyon. Il a envoyé deux tableaux à l'huile.

Son *Pont antique* (nº 150) a été pris dans le Lyonnais. Il est bien peint. Mais l'aspect général du tableau manque d'agrément. Rien n'anime le paysage. Pas un rayon de soleil ne vient égayer les gorges sinistres où serpente un sombre ruisseau. Et l'on se demande où sont les brigands de Salvator Rosa, ou tout au moins les bohémiens de Jacques Callot.

Combien est préférable sa *Tour de Claix* (nº 149). Il s'agit d'une ruine sans caractère. Mais, à ses pieds s'étale un champ de blé complétement mûri par le soleil du Dauphiné. Des faucheurs bien posés coupent à pleine faulx dans les sillons dorés. De hautes collines encadrent le paysage. Et dans la gorge profonde on devine, à travers les arbres, les toits d'un charmant village. Il était difficile de mieux représenter un sujet si simple. On sent vraiment dans cette toile l'âme des choses et la poésie de la nature.

Aussi, est-ce sans hésitation que M. Ponthus-Cinier a été jugé digne d'une médaille de vermeil.

10. — Les tableaux de M. Firmin SALABERT, peintre à Paris, ont le grand privilége de passionner tous ceux qui les examinent.

Le *Lac d'Annecy près de Talloire* (nº 161) est le plus important de ces tableaux. On y reconnait une étude consciencieuse. Le paysage est plein de grandeur et de rêverie. Les Alpes dressent leurs pics gigantesques, s'étalent en cirque, s'enfuient par étages et finissent par confondre leurs cîmes vaporeuses avec l'azur du ciel. Le lac a les transparences les plus lustrales. Il est profond comme un miroir, clair comme une source : on dirait un ciel liquide, un saphir fondu, une coupe de cristal où viennent se réfléter les montagnes voisines. M. Salabert a rendu d'une façon charmante le tremblement de la lumière, les frissons du vent et les moires de l'eau. Mais le premier plan est mollement peint. Le mode d'exécution est partout trop uniforme. Et l'on désirerait à ce tableau une tonalité plus accentuée qui fît disparaître son aspect gris et sourd, une dominante qui lui donnât un relief plus marqué, une réalité plus certaine.

Le *Congrès de maraudeurs* (nº 162) a été préféré. Des enfants viennent de butiner des fruits dans un verger voisin. Ils les étalent sur l'herbe de la prairie et se partagent le produit de la maraude. Le chef de la bande, auquel on peut reprocher une stature trop grande pour son âge et pour ses formes, fixe la part de chacun. Ses compagnons l'écoutent avec attention. Et la scène est bien agencée dans un paysage charmant.

Quant à la *Rue d'Annecy* (nº 163), elle ne peut être jugée que très-favorablement. — Mais il n'en est pas ainsi pour la quatrième et dernière toile de M. Salabert. On y trouve difficilement les *Ruines du château de saint François de Sales, à Lathuille* (nº 164). C'est à peine si l'on y reconnaît un fouillis inextricable d'arbres sans noms.

Somme toute, l'œuvre de M. Salabert est bien au-dessus de l'ordinaire, et il n'y a que justice à lui accorder une médaille de vermeil.

11. — Une médaille de même importance a été, enfin, accordée à M. DROUARD (Edouard), demeurant à Mazamet, qui a exposé un *Plateau pour verre d'eau* (nº 80).

Il est rare de trouver un travail plus curieux. Ce plateau est formé d'une seule feuille de cuivre repoussée au marteau sur les bords et ciselée dans le milieu. Le dessin en est riche et soigneusement exécuté. Au centre du plateau l'on remarque les armes de la ville de Mazamet entourées d'arabesques délicatement travaillées. Dans les coins se trouvent des gerbes de blé ayant pour pendant des gerbes de typha et se reliant ensemble par des guirlandes de fleurs et de pampres entrelacés. Enfin, une femme est dessinée en relief au milieu du bord inférieur du plateau. Elle est mollement couchée sous des arbres et des colombes se becquettent près d'elle.

§ IV. — Médailles d'argent de 1re classe et rappels.

Médailles : 12. M. Duston; — 13. M. Valette; — 14. M. Mahoux; — 15. M. Casteras.

Rappels : 16. M. Engalières; — 17. M. de Menou.

12. — M. Benjamin DUSTON, demeurant à Lavaur, a exposé trois peintures à l'huile et trois fusains.

Son *Souvenir de Népi* (nº 82) est largement peint et soigneusement étudié. Le site manque de pittoresque. Mais c'est bien la nature romaine avec sa fauve nudité, ses terrains arides, revêtus çà et là de gazons brûlés, ses roches décharnées, effritées, rôties.

La marine *des Martigues* (nº 83) est moins satisfaisante et il est impossible de ne pas constater que M. Duston est inférieur à lui-même dans sa *Briqueterie* (nº 84).

Nous ne retrouvons l'habile artiste d'autrefois que dans ses deux fusains représentant : l'un, les *Bords du Tibre* (nº 86), et l'autre, une *Forêt* (nº 87). Ce dernier fusain est surtout remarquable. On ne saurait mieux rendre ces hautes futaies, ces fourrés inextricables, ces retraites presque inaccessibles où seuls semblent pénétrer les chasseurs à la poursuite du gibier.

Le jury a accordé à M. Duston une médaille d'argent de 1re classe.

13. — Si, dans ses débuts, un artiste a donné de magnifiques espérances, c'est assurément M. VALETTE (Charles-Joseph-Adrien), peintre à Castres.

Dès 1847, ses fusains étaient couronnés dans les expositions les plus importantes. Et l'on admirait le talent vraiment magistral avec lequel il traitait le paysage.

Aujourd'hui le faire de M. Valette est peut-être plus habile. Mais le procédé a tué l'inspiration. Le détail a détruit l'ensemble. La minutie a remplacé la *maëstria.* Ses *Vues du vallon de Carmaux* (nos 181 et 182) sont avant tout des panoramas exacts. On dirait des photographies transcrites à la mine de plomb.

Sa *Promenade dans le Tarn* (nº 187) n'est pas autre chose qu'une collection de dix-huit dessins de *keepsake* représentant des sites ou des monuments de ce département, et dont quelques-uns indiquent à peine ce qu'ils prétendent rappeler.

Ce n'est que dans sa *Vue d'Ambialet* (n° 183) que nous reconnaissons l'artiste des premiers temps, et c'est à ce fusain que le jury a principalement accordé une médaille d'argent de 1re classe.

14. — Des trois ouvrages exposés par M. MAHOUX (François), statuaire à Rodez, le jury n'a voulu récompenser que son *Buste représentant M. Souquières*, sous-préfet de Villefranche d'Aveyron (n° 741). Ce buste est en marbre et de grandeur naturelle. Il dénote de l'étude et du soin. Et il a valu à son auteur une médaille d'argent de 1re classe.

15. — Avec M. Jacques CASTERAS, né et domicilié à Toulouse, nous avons à apprécier pour la première fois dans notre rapport la peinture sur porcelaine, cet art ingrat qui défie les plus habiles et les plus exercés.

Le plat ovale représentant *Louis VII se rendant en Palestine* (n° 32) a déjà paru à l'Exposition de Toulouse de 1865, où il a obtenu une médaille d'argent. La partie décorative, qui se compose de trophées d'armes et d'ornements se rapportant au sujet, a été très-remarquée.

Mais l'attention du jury s'est principalement arrêtée sur le plat rond représentant *Un sanglier poursuivi par des amours et des chiens* (n° 33). Il fallait, en effet, examiner non-seulement la valeur artistique de l'œuvre, mais encore le procédé industriel imaginé et mis à exécution par M. Casteras.

Le sanglier, les chiens et les amours sont peints en grisaille et se détachent en relief sur un fond noir et mat. Pour obtenir ce relief, il a fallu recouvrir l'esquisse d'un enduit spécial, faire ronger le fond par un acide et mettre le plat au feu. Après cette première cuisson, le plat a été peint à deux reprises différentes et remis deux autres fois au four. On comprend toutes les difficultés de ces diverses opérations et toutes les anxiétés de l'artiste. Aussi, le jury a-t-il voulu reconnaître les essais consciencieux de M. Casteras, en proclamant ses progrès réels depuis l'an passé et en lui accordant la distinction immédiatement supérieure à celle qu'il a obtenue en 1865.

16. — M. Joseph ENGALIÈRES est principalement l'élève de son frère Marius, de si regrettable mémoire. On le reconnaît à son *Panneau décoratif* représentant des fruits et des fleurs (nº 88). Et beaucoup déjà ont dû souvent admirer ces fruits à la peau tendre et veloutée, cette pastèque ouverte à la pulpe rose et à l'écorce verte, et ces gracieuses pervenches qui se balancent dans l'éther d'un ciel idéal.

Le jury a moins apprécié la gouache représentant une *Vue de la vallée de Lapique*, près Luchon (nº 89).

Mais il a soigneusement examiné le spécimen de fresque peinte à la chaux et exécutée sur mortier frais, qui représente *Saint Philippe* (nº 90) et qui est imité des peintures murales du XIVe siècle que cet artiste a restaurées en 1863 dans l'église de Rabastens.

Nous parlions tout-à-l'heure des difficultés de la peinture sur porcelaine. Quoique différentes, celles de la peinture à fresque sont plus grandes encore, parce qu'elles portent tout à la fois sur la composition du carton, sur la préparation du mur et sur l'application des couleurs.

Malgré ces exigences, la peinture à fresque était autrefois préférée à la peinture de chevalet. Elle florissait surtout en Italie. Les plus anciens maîtres y excellaient. Le Titien et le Pordenone semblent avoir réservé leur génie pour la peinture murale. Le Corrège et le Parmesan dédaignaient presque la peinture de chevalet. Et Michel-Ange la regardait comme au-dessous d'un grand artiste.

Il en est autrement aujourd'hui. Presque tous les peintres modernes ignorent l'art de la peinture à fresque. Aussi les procédés en sont-ils perdus. Et M. Joseph Engalières a prouvé qu'il était un des rares chercheurs qui avaient su en découvrir les principaux secrets. Le spécimen qu'il a envoyé à l'Exposition d'Albi l'aurait établi de la façon la plus complète si l'on n'avait déjà connu ses remarquables restaurations de l'église de Rabastens.

En conséquence, le jury lui a décerné un rappel de médaille d'argent de 1re classe.

17. — La statuaire a été également honorée d'un rappel de médaille d'argent de 1re classe, en la personne de M. Armand DE MENOU, demeurant à Toulouse.

Cet artiste aurait certainement obtenu une distinction plus importante, si l'on n'avait déjà vu figurer dans plusieurs expositions et son *Couple de chiens courants* (nº 130), demi-sang, de Saintonge et de Gascogne, et son *Couple de bassets* (nº 129). En effet, M. de Menou a un véritable talent pour la sculpture. Ses chiens sont toujours très-étudiés et bien compris. L'on ne regrette qu'une chose, c'est qu'il ne soit pas plus fécond.

§ V. — Médailles d'argent de 2e classe et Rappels.

Médailles : 18. M. Cazals; — 19. M. Comby; — 20. M. Denis; — 21. M. Escot; — 22. M. de Gavarret; — 23. M. Rélin; — 24. MM. Dartigues frères; — 25. M. Gesta.

Rappels : 26. M. Nelli; — 27. M. Bonamy.

18. — M. Eusèbe CAZALS, peintre à Toulouse, a exposé deux tableaux qui forment pendant : *La Tasse cassée* (nº 34) et *L'Heureuse mère* (nº 35).

Dans le premier tableau, l'on voit une mère grondant un tout petit enfant presque nu qui vient de casser une tasse de porcelaine en la précipitant contre le sol; et, dans le second, on voit la même mère plaçant ce même enfant à califourchon sur une brebis et lui donnant à travers un parc sa première leçon d'équitation.

C'est de la bonne et sérieuse peinture. Et le jury a décerné à M. Cazals une médaille d'argent de 2e classe. Malheureusement, les sujets qu'il a traités manquent de poésie. Quoique animés d'une fleur de sentiment, ils sont peu dignes d'un véritable peintre. En outre, ces scènes enfantines sont reproduites trop bourgeoisement. Nous sommes loin de l'école de Boucher.

19. — Une médaille d'argent de 2e classe a été accordée à un autre peintre de Toulouse, M. Jean Comby.

Trois des paysages de cet artiste représentent des *Effets du soir* (nos 40, 41 et 42). Tous trois sont exécutés avec des procédés semblables. Le même miroir les a réfléchis sous des aspects presque identiques. Sur un ciel bien peint et rougi par les derniers feux du jour se détachent en silhouette des arbres à peine ébauchés, portant des barbes de gui dans leurs branches. C'est habilement fait, mais incomplètement étudié,

Et ce n'est pas ainsi que parle la nature.

Quant au quatrième paysage, il est intitulé *Effet d'automne* (no 43). Cette toile est meilleure. Mais elle ne représente pas d'une façon sensible la saison que M. Comby a voulu nous montrer. On n'y retrouve point les feuillages d'or, de pourpre et de safran qui caractérisent cette époque de l'année.

20. — M. Pierre Denis, peintre à Toulouse, est un élève de Roques. Mais il est loin d'avoir le coloris si sage

et si clair de son maître. Ce qui le distingue, c'est la manière dont ses tableaux sont composés et dont ses personnages sont dessinés. A cet égard, il a vraiment la tradition des maîtres.

Ces qualités se remarquent surtout dans son tableau représentant *Un Satyre et une Bacchante* (nº 66). Mais le jury a peu apprécié sa *Vénus* (nº 65). C'est pourquoi, il ne lui a accordé qu'une médaille d'argent de 2e classe.

21. — M. Charles Escot, originaire de Gaillac, est aujourd'hui peintre à Toulouse. Il a exposé plusieurs portraits au pastel (nos 92 à 98). Ces portraits sont à coup sûr très-ressemblants. Quelques-uns sont dessinés correctement et traités avec vigueur. Mais certains sont d'un prosaïsme regrettable. Quoique provenant sans doute des modèles, ce défaut ne saurait être excusé chez un artiste vraiment digne de ce nom. Que M. Escot étudie les maîtres flamands, et il verra comment on doit corriger la nature quand elle en a besoin et comment on peut communiquer une véritable distinction aux sujets qui paraissent le plus en manquer.

Quant au *Portrait de Mme E**** (nº 93), il est évidemment étudié d'une façon incomplète, surtout en ce qui concerne le dessin des mains et des vêtements.

Une médaille d'argent de 2e classe a été décernée à M. Escot, et le jury a beaucoup regretté de ne pouvoir accorder une récompense plus élevée à cet artiste dont il apprécie le mérite et dont il reconnait les qualités sérieuses.

22. — M. Théodore de Gavarret, peintre à Toulouse, a envoyé trois paysages à l'huile. Ils décèlent tous une très-grande habileté de facture. Mais ils ressemblent trop à des décors de théâtre.

Ce défaut se remarque surtout dans la toile portant le

nº 101. Une large rivière coule sous de grands arbres s'arrondissant en dôme. Et, par une grande échappée de vue, on aperçoit sur un roc à pic les murailles blanchâtres d'un vieux château féodal. Mais ces ruines sont si peu consistantes qu'on dirait plutôt d'un de ces châteaux flottants dans les nuages, dont nous parle Ossian. Nul rayon de soleil ne vient égayer le noir feuillage des grands arbres, dorer de clairs reflets l'onde froide et opaque, ou semer de paillettes fauves le gazon sombre de la rive. Seules, des baigneuses étalent en pleine lumière, dans le courant de l'eau ou sur l'herbe de la prairie, leurs cheveux épars, leurs chairs humides, leur torse cambré et leurs jambes nues.

Le jury a constaté plus de vérité dans les deux autres toiles de M. de Gavarret. La *Vue prise près de Saint-Martory* (nº 103), et notamment la *Vue de la vallée de la Neste,* prise dans les landes de Pinas (nº 102), ont valu à cet artiste une médaille d'argent de 2e classe.

23. — Il n'est pas, dans notre Exposition, d'artiste qui se soit montré plus inégal dans ses œuvres que M. Rélin (Eugène-Pierre-Napoléon), peintre à Nîmes.

Très-certainement, M. Victor Hugo serait peu satisfait de l'interprétation que M. Rélin nous a donnée de la *Ballade des deux archers* (nº 157).

Il est également bien difficile de pardonner à un chercheur aussi intelligent que M. Rélin une œuvre telle que son *Lion du cap de Bonne-Espérance au repos* (nº 155).

Mais on ne saurait méconnaître le mérite de sa *Sorcière dans son antre* (nº 156). Vous l'avez vue, cette sorcière, vieille et ridée, entrant dans sa tanière, venant retrouver son cortége ordinaire de couleuvres et de crapauds. Ses yeux ont des regards vipérins, sa bouche un sourire démoniaque, ses mains des crispations félines. Son visage est vivement éclairé par une lampe dont la main gauche arrête les rayons antérieurs, et la lumière y produit les reflets les plus sinistres. — On croirait voir une toile de Goya, le peintre classique des sorcières, ou bien encore un pastiche d'Albert Dürer, et l'on dirait cette œuvre faite pour être reproduite par la gravure à l'eau-forte. Cette impression nous paraît d'autant plus vraisemblable que M. Rélin excelle vraiment dans ce dernier genre. Son *Embuscade au XVIe siècle* (n° 158) nous le prouve d'une façon très-satisfaisante. Et le jury a voulu rendre à cet artiste la justice qu'il mérite en lui accordant une médaille d'argent de 2e classe. Il lui conseille seulement de négliger désormais les imitations maladroites de Delacroix pour ne pas renouveler les aberrations regrettables de Chassériau, et de suivre, pour ses eaux-fortes, les exemples de notre moderne Henriquel-Dupont, le premier de nos graveurs, le seul peut-être qui n'ait jamais désespéré de la gravure, parce qu'il est aussi le seul qui n'ait jamais profané son art en en faisant soit un jeu, soit une industrie.

24. — Dans l'envoi fait par MM. Dartigues frères, le jury a distingué en première ligne le *Faune dansant* (n° 60). Cette statuette est en bronze. Elle est bien modelée et soigneusement coulée. Mais elle manque d'originalité.

Le *Jean qui rit* (n° 62) est un buste peu important. Son type est très-connu et ne méritait guère une reproduction en bronze.

Quant au *Chien-dogue* (n° 61), il n'est remarquable ni par le mérite du sujet, ni par la façon dont il est traité.

Néanmoins, le jury a voulu récompenser les travaux consciencieux de MM. Dartigues en leur accordant une médaille d'argent de 2e classe; et il les engage à choisir à l'avenir de meilleurs modèles à fondre.

25. — M. Gesta (L.-Victor), peintre-verrier, à Toulouse, a exposé une *Sainte Germaine de Pibrac* (nº 104).

Cette verrière n'a pas complètement satisfait le jury. Elle lui a paru être une pièce de fabrique plutôt qu'une œuvre consciencieuse. En effet, on y remarque du maniéré au lieu de style, des arabesques de fantaisie au lieu d'attributs appropriés au sujet, du décor au lieu d'art.

Evidemment, M. Gesta pouvait mieux faire; et c'est pour cela que le jury ne lui a accordé qu'une médaille d'argent de 2e classe.

26. — La statue de pierre représentant *La Vierge et l'Enfant Jésus* est due au ciseau de M. Nelli (Edouard), statuaire à Albi. On dirait une belle ébauche plutôt qu'une œuvre finie. La figure de la Vierge est un peu banale; sa poitrine manque de relief; ses mains sont étudiées d'une façon incomplète. Mais l'ensemble de la statue est harmonieux, bien compris et facilement rendu.

Le jury a réservé toutes ses préférences pour la réduction du groupe des statues de la chapelle de Saint-Jacques, à Monestiés, représentant *Le Christ au tombeau, entouré des disciples et des saintes femmes* (nº 138). Notre-Seigneur est étendu mort sur un sépulcre. D'un côté se trouve Joseph d'Arimatie et de l'autre Nicodème. Ils sont debout et tiennent chacun un coin du suaire. Auprès d'eux sont rangés, sur un soubassement circulaire, plusieurs autres personnages. Ainsi, Joseph d'Arimatie a à sa droite : saint Jacques ou saint Jean tenant la couronne d'épines, un saint portant un livre dans une gaîne, un autre saint joignant les mains en signe de douleur et une sainte femme éplorée. De l'autre côté, Nicodème a à sa gauche : la Vierge soutenue par Marie Cléophas, Marie-Madeleine avec son vase de parfums et une autre sainte femme pleurant et joignant les mains.

Dans l'original, ces statues sont de grandeur naturelle et se distinguent par leur expression profondément religieuse et par l'habileté avec laquelle elles ont été faites. — Dans sa réduction, M. Nelli a scrupuleusement reproduit son modèle. Il a conservé à chacune des femmes leur physionomie caractéristique, c'est-à-dire leur menton pointu, leur nez pincé, leurs yeux bridés, leur figure encavée, types de la beauté féminine telle qu'on l'entendait au xve siècle. Il a exactement rendu leurs robes somptueuses, tramées d'or et bordées de fourrures. Il a, enfin, parfaitement reproduit les statues d'hommes, moulages de personnes de l'époque, et notamment le Joseph d'Arimatie, dont le visage respire tout à la fois et la bestialité dans la partie inférieure et le spiritualisme le plus pur dans la partie supérieure.

En conséquence, le jury a accordé à M. Nelli un rappel de la médaille d'argent de 2e classe qu'il vient d'obtenir à l'Exposition de Toulouse.

27. — Un rappel de médaille d'argent de 2e classe a été enfin décerné à MM. Bonamy frères, à Toulouse, pour leurs sept plans de jardins paysagers.

Le jury a surtout distingué le *Parc de M. de Gaujac*, à Pinsaguel (Haute-Garonne). Les allées ont paru parfaitement établies pour les besoins et pour l'agrément de l'habitation ; les massifs d'arbres sont bien groupés, les pelouses disposées avec art, et les points de vue ménagés d'une façon heureuse.

§ VI. — **Médailles de bronze.**

28. M. Albrespy ; — 29. M. Serres ; — 30. M. d'Assier ; — 31. M. de Martrin-Donos ; — 32. M. de Toulouse-Lautrec ; — 33. M. Ouliac.

28. — Si le jury n'avait eu à apprécier que la *Vue de*

Castres (n° 1), de M. André ALBRESPY, il ne lui aurait pas accordé la médaille de bronze qui lui a été décernée. En effet, quoique étudié avec soin (avec trop de soin peut-être), ce tableau est mal réussi. Il est faux de ton et surchargé de détails parasites.

M. Albrespy a paru suivre une meilleure voie dans sa *Nature morte* (n° 2). Ses légumes et son lièvre sont bien rendus et grassement peints. Son coq seul laisse à désirer pour la correction du dessin et la légèreté des plumes.

29. — M. SERRES (Hippolyte) est peintre à Castres, comme M. Albrespy, et il s'est également distingué par des tableaux de nature morte (nos 166, 167 et 168). On doit reprocher à ses tableaux d'être étudiés d'une façon trop méticuleuse. Ils manquent d'abandon et d'imprévu.

Le jury a principalement remarqué le *Chevreau mourant* (n° 167). C'est une œuvre assez considérable et vraiment digne de la médaille de bronze qui lui a été accordée.

30. — Une distinction de même ordre a été attribuée à M. Edmond D'ASSIER, né et domicilié à Toulouse, pour ses *Femmes auprès d'une statue de Vénus* (n° 9). Ce tableau est bien compris et suffisamment étudiée. Mais il n'en est pas de même de ses *Paysages* (nos 10 et 11), malgré les réminiscences classiques que le jury a constatées.

31. — Une médaille de bronze a été également décernée à M. le vicomte DE MARTRIN-DONOS, demeurant aux Bruyères (Tarn).

Les trois copies de M. de Martrin sont faites avec une telle liberté de pinceau qu'on dirait presque des originaux.

Son *Saint Antoine de Padoue* (n° 124) rend bien les tons chancis d'une vieille peinture.

Le *Religieuse à l'orgue* (n° 125) est largement esquissée

plutôt que finement étudiée; mais on y remarque toutes les qualités d'une excellente aquarelle.

Quant à son *Cavalier* (nº 123), d'après Alfred de Dreux, il est digne en tous points du maître qui l'a inspiré. Un gentleman, suivi d'un bull-terrier, traverse l'allée d'un grand parc. Il monte au pas un *hunter* bai et arrive à un carrefour. Cavalier, cheval et chien indiquent le faire d'un véritable *sportsman*.

32. — De son côté, la statuaire a obtenu une médaille de bronze avec le *Cheval de steeple-chase* (nº 180), modelé en cire par M. Charles DE TOULOUSE-LAUTREC, demeurant à Albi.

On reconnaît facilement dans cette statuette l'œuvre d'un véritable artiste doublé d'un parfait *horseman*.

Il ne s'agit pas d'un cheval de course plate, d'un *racer* aux formes grêles et à la taille élancée, mais bien d'un cheval assez ras de terre, bien étoffé, membru, fort en nerfs, propre à franchir les haies, à sauter les rivières et à escalader les banquettes, en un mot capable de faire bonne souche de *hunters*. Il vient de terminer sa course *hard-inhant* et traverse le turf au pas pour rentrer au *warren*. Son jockey s'appuie d'une main sur sa croupe et regarde en arrière comme pour examiner la distance qui le sépare des autres *hard-forward-riders*.

C'est là une scène bien simple ; mais elle est prise sur le vif et parfaitement rendue. Aussi la statuette de M. Charles de Toulouse-Lautrec a-t-elle mérité l'approbation de tous les *horse-fancier*.

33. — Dans huit feuilles de dessins (nº 139), M. François-Marie OULIAC, architecte au chemin de fer du Midi, nous fait connaître son projet de théâtre pour la ville de Castres, où il réside.

Il établit ce théâtre au-dessus de l'ancienne halle aux

blés, qui occupe l'une des faces de la place Impériale et qui est semblable, comme élévation, aux rez-de-chaussée avec entresols des maisons construites sur un type uniforme qui limitent les deux autres faces de cette place.

La halle actuelle étant consacrée au vestibule, aux escaliers du théâtre et des magasins, l'auteur du projet s'est astreint à reproduire cette façade uniforme dans les sur-élévations nécessaires pour la salle de spectacle, le foyer et la scène.

Il en résulte qu'il enlève à l'édifice ainsi construit le caractère monumental qu'il pourrait comporter, qu'il le réduit, comme élévation, à l'état de simple maison d'habitation, et qu'il n'accuse qu'imparfaitement sa destination spéciale et sa division intérieure par rangs de loges.

D'un autre côté, l'espace donné était peu propre à inspirer une bonne œuvre. La largeur de l'édifice n'est pas proportionnée à sa longueur.

Cependant, le jury a reconnu que M. Ouliac avait, dans cette étude, résolu avec habileté les diverses difficultés auxquelles il était soumis, et il a récompensé ses efforts en lui décernant une médaille de bronze.

§ VII. — **Mentions honorables.**

34. M. de Raynal; — 35. M. Heybrard; — 36. M. Audiguier; — 37. M. D***; — 38. M. de Montesquiou; — 39. M. de Paleville; — 40. M. Teyssonnières; — 41. Mlle Bousquel; — 42. M. Espinasse.

34. — La première des mentions honorables revient de droit à M. de Raynal, ingénieur en chef des ponts et chaussées en retraite, demeurant à Toulouse. En effet, ses quatre gouaches sont remarquables par la légèreté des ciels, la fraîcheur du coloris et la profondeur des

horizons. Elles ont un aspect chaud et lumineux qui resplendit aussi bien dans les clairs que dans les plombés. Et l'une d'elles notamment, représentant les *Rochers du pont de Mousquère,* près Luchon (nº 153), est d'une puissance à éblouir la peinture à l'huile elle-même, avec ses murailles de granit calciné et ses grands arbres verts découpant leur feuillage sombre sur les ocres fauves des montagnes voisines.

De son côté, la *Vue d'Avignonet* (Haute-Garonne) (nº 151) a été très-appréciée. Mais on lui a généralement préféré la gouache représentant un *Brick-goëlette échoué sur les côtes de Cette* (nº 154), et surtout celle qui reproduit avec tant de délicatesse et de poésie un *Effet du matin sur les côtes du Roussillon* (nº 152). La mer s'éveille aux premières clartés de l'aube. Le soleil se devine derrière l'horizon liquide. Ses rayons opales semblent émerger des flots, zèbrent le ciel de lueurs phosphorescentes et font projeter aux pêcheurs de la plage de longues ombres pâles. Ce n'est pas encore le jour, mais c'est déjà la lumière, humide de rosée, parfumée de senteurs et colorant tout le paysage de teintes irisées.

35. — M. Heybrard (Emile), demeurant à Toulouse, doit être mentionné immédiatement après M. de Raynal. Son aquarelle d'après Delacroix (nº 105) a satisfait tous ses juges. Des enfants jouaient sur la grève. Pendant ce temps, la marée est montée. Tout-à-coup, une vague énorme se déferle sur eux. Ils fuient éperdus. Mais ils se trouvent prisonniers entre la falaise infranchissable et la mer furibonde qui menace de les engloutir. Le drame est complet et M. Heybrard l'a rendu d'un pinceau fidèle et puissant.

Si cet artiste avait été moins avare de ses œuvres, il aurait très-certainement mérité beaucoup mieux qu'une mention.

36. — M. Jacques AUDIGUIER est professeur de dessin au collége d'Albi.

Son *Ecce-Homo* (nº 12), d'après Mignard, a le grand tort d'être copié sur une gravure, surtout quand on connaît l'original.

Son *Portrait de jeune fille* (nº 14), à la mine de plomb, n'est pas à l'abri de critiques sérieuses.

Le jury a été plus satisfait de la *Tête de jeune fille* (nº 13), d'après Greuze, et il lui a accordé une mention honorable.

37. — M. D*** (C.), demeurant à Albi, a exposé un paysage (nº 59), représentant une *Vue des Planques* (Tarn). M. D*** doit se méfier des teintes violacées dont il charge trop volontiers sa palette.

Le jury a préféré mentionner honorablement son *Intérieur de la cathédrale de Sainte-Cécile d'Albi* (nº 58), représentant une partie du chœur.

38. — Les paysages (nºs 135 et 136) de M. Louis DE MONTESQUIOU DE LABOULBÈNE sont de dimensions peu ordinaires pour des dessins à la plume. Ils sont bien étudiés; et, quoiqu'ils dénotent plus de patience que d'art, ils sont vraiment dignes de la mention honorable qui leur a été décernée.

39. — M. Auguste DE PALEVILLE a exposé six paysages des environs de Sorèze, où il habite (nºs 140 à 145). Certains manquent de pittoresque. D'autres pèchent par le dessin ou la couleur. Et tous sont plus étudiés que réussis. C'est pourquoi le jury ne leur a accordé qu'une mention honorable.

40. — M. TEYSONNIÈRES (Pierre-Salvi-Frédéric), originaire d'Albi et demeurant à Bordeaux, s'est surtout distingué par la variété de ses aptitudes et le nombre de

ses œuvres (nos 169 à 179 et no 747). Une mention honorable lui a été décernée.

41. — Deux paysages (nos 26 et 27) ont été également distingués par le jury. Ils sont dus à Mlle Marie BOUSQUEL, demeurant à Albi, dont le pinceau est facile, élégant, vigoureux. On dirait des pastiches de Michalon.

42. — Une mention honorable a été, enfin, accordée à M. ESPINASSE, sculpteur à Albi. M. Espinasse a exposé une pierre délicatement travaillée et extraite d'une carrière de calcaire qu'il a trouvée sur les bords du Dadou (Tarn). Sa découverte est d'autant plus précieuse que ce calcaire est semblable à celui qui a servi, au XVe siècle, pour les admirables sculptures de la cathédrale de Sainte-Cécile d'Albi, et que l'on pourra désormais les restaurer d'une façon aussi exacte que facile.

Telles sont, Messieurs, les distinctions honorifiques que vous avez cru devoir accorder aux artistes vivants qui ont exposé dans la section de peinture, de dessin, de sculpture et d'architecture. — En résumé, elles se divisent ainsi :

I. — *Pour la peinture et le dessin :*

1 diplôme d'honneur (M. Sudre);
2 rappels de médailles d'or (MM. Perrot et Chalons);
5 médailles de vermeil (MM. Doze, Coulon, Labor, Ponthus-Cinier et Salabert);
3 médailles d'argent de 1re classe (MM. Duston, Valette et Casteras);
1 rappel de médaille d'argent de 1re classe (M. Engalières);
7 médailles d'argent de 2e classe (MM. Cazals, Comby, Denis, Escot, de Gavarret, Rélin et Gesta);
4 médailles de bronze (MM. Albrespy, Serres, d'Assier et de Martrin);

8 mentions honorables (MM. de Raynal, Heybrard, Audiguier, C. D***, Montesquiou, de Palleville, Teyssonnières et Mlle Bousquel).

II. — *Pour la sculpture :*

1 médaille d'or (M. Cambos);
1 médaille de vermeil (M. Drouard);
1 médaille d'argent de 1re classe (M. Mahoux);
1 rappel de médaille d'argent de 1re classe (M. de Menou);
1 médaille d'argent de 2e classe (MM. Dartigues frères);
1 rappel de médaille d'argent de 2e classe (M. Nelli);
1 médaille de bronze (M. de Toulouse-Lautrec);
1 mention honorable (M. Espinasse).

III. — *Pour l'architecture :*

1 rappel de médaille d'or (M. Amé);
1 rappel de médaille d'argent de 2e classe (MM. Bonamy frères);
1 médaille de bronze (M. Ouliac).

Ces diverses distinctions sont évidemment de nature à satisfaire toutes les espérances légitimes, car elles sont nombreuses et basées sur un examen attentif et consciencieux des œuvres exposées.

Et maintenant, puissent les succès des uns et les échecs des autres être un puissant stimulant pour tous!

L'art moderne a grand besoin de se régénérer. A part quelques brillantes exceptions, notre école est désolée par le défaut d'idées générales et par l'absence des grands sentiments. La plupart de nos artistes ne sont que des ouvriers habiles. Ils poussent le *procédé* et le *rendu* jusqu'aux dernières limites. Mais ils savent peindre comme tout le monde sait écrire. La pensée manque. L'originalité fait défaut. L'archaïsme domine. Et le premier peintre de notre époque lui-même, M. Ingres, ne procède que du passé :

il songe toujours à Raphaël comme David rêvait à Phidias.

Bien heureux même sommes-nous, lorsque certains artistes ne nous obligent pas à voiler leurs œuvres par respect pour leur talent, ou à leur épargner les ignominies du pilori qu'ils sollicitent avec tant d'inconscience.

Sans doute, l'Exposition d'Albi n'a pas été exempte de ces œuvres regrettables. Mais elles formaient l'exception. Le jury s'est plu à constater que certains des artistes qu'il a distingués tendent, au contraire, à se dégager des liens de la banalité ou de l'extravagance pour se créer une individualité honnête, se vouer au culte pur de l'art, et faire preuve de noblesse et de moralité. Il s'est empressé de saluer leurs efforts généreux. Et, grâce aux expositions qui se multiplient de toutes parts, il leur promet les lauriers de la Gloire et les fruits d'or de la Renommée.

Mai 1866.

DESAZARS.

II.

RAPPORT

SUR LA PHOTOGRAPHIE.

Messieurs,

La photographie est une des merveilleuses découvertes du XIXe siècle. Elle ne pouvait être oubliée à l'Exposition d'Albi. Et elle y occupe une assez large place grâce au concours de quelques artistes, pleins de conscience et de talent.

§ Ier. — Diplôme d'honneur.

1. M. Provost.

1. — L'exposition de M. Joseph Provost, photographe à Toulouse, est très-complète. Elle comprend tous les genres de photographie actuellement connus; et, depuis les plus microscopiques jusqu'aux plus colossales, chacune des œuvres de cet artiste se distingue par des mérites spéciaux.

Ses deux *Portraits en pied de grandeur naturelle* confondent presque l'imagination, quand on se pénètre de toutes les difficultés d'exécution qui ont dû être vaincues. En effet, les plaques nécessaires sont considérables. Leur préparation exige un soin et une rapidité exceptionnels. Et, néanmoins, les épreuves obtenues sont si parfaites que rien ne laisse à désirer ni dans l'ensemble, ni dans les détails.

Son *Portrait de colonel d'infanterie*, grandeur demi-nature, est frappant de ressemblance. Quoique coloriée, la photographie a été très-peu dégradée, contrairement à ce qui arrive trop souvent.

Entre tous les autres portraits, celui qui représente M. Provost lui-même se distingue par son modelé puissant et sa tonalité harmonieuse. C'est assurément une des meilleures œuvres sorties de son atelier.

Ses *Portraits-carte* joignent au mérite de la ressemblance celui d'une exécution hors ligne. Il est notamment une tête d'homme sur fond dégradé qui est une véritable œuvre d'art.

Ses *Porcelaines photographiées et émaillées* conviennent surtout aux femmes. Il est impossible de trouver un plus joli médaillon que celui de sa jeune marquise en costume Louis XV, une épreuve plus remarquable que celle d'une dame déjà âgée, à la figure expressive et douce, aux cheveux grisonnants.

L'*Album*, contenant quatorze vues d'Albi ou des environs, mérite d'être signalé. Mais certaines épreuves sont en partie brûlées et M. Provost a l'habitude de mieux faire.

Quant à ses *Reproductions* de gravures et de statues, elles sont irréprochables de vigueur et de netteté.

Enfin, le jury s'est longuement arrêté devant ses *Photographies sur toile*. Il a apprécié suivant ses mérites cette invention nouvelle, dont l'Exposition d'Albi a eu la primeur, et qui donne aux épreuves photographiques la durée et le moelleux de la peinture à l'huile. Et il a accordé à M. Provost la plus élevée de ses récompenses, un diplôme d'honneur.

§ II. — Rappel de médaille d'or.

2. M. Trantoul.

2. — L'œuvre de M. Amédée Trantoul, photographe à Toulouse, est moins considérable que celle de M. Provost. Mais elle a été aussi remarquée.

Son *Buste grandeur nature* se distingue entre toutes ses épreuves par sa vigueur et sa pureté. Il a été très-habilement ramené sans retouches à la grandeur naturelle et il est sorti de l'appareil dyalitique avec toute la pureté du cliché original.

Son *Portrait de l'acteur Marthieu*, portant le costume de l'évêque Turpin dans l'opéra de *Roland à Roncevaux*, possède les mêmes qualités de finesse et de puissance.

Ses *Portraits-carte* en buste ou en pied sont également très-satisfaisants.

Cet artiste excelle, en outre, dans les *Reproductions* de dessins, de gravures et de statues.

Enfin, il a su appliquer très-heureusement la photographie à la reproduction des monuments, aux études de l'histoire naturelle et aux diverses autres branches de la science.

Le jury a voulu récompenser M. Trantoul comme il le mérite en lui accordant un rappel de la médaille d'or qu'il vient d'obtenir à l'Exposition de Toulouse.

§ III. — Médailles d'argent de 2e classe et rappels.

Médailles : 3. M. Prompt; — 4. M. Marc.

Rappels : 5. M. Benazech; — 6. M. Blanc.

3. — M. Honoré PROMPT est photographe à Albi.

Il a exposé plusieurs *Vues photographiques* prises sur les bords du Tarn. Celle qui a été préférée représente la rive gauche de cette rivière, le vieux pont, l'archevêché et la cathédrale. Le panorama est artistiquement choisi et bien reproduit. Il en est de même de la vue représentant la rive droite du Tarn avec l'église de la Madeleine, les usines et les terrasses en étage qui se reflètent dans l'eau.

Ses *Portraits-carte* sont moins dignes d'éloges. Le meilleur est sans contredit celui d'une jeune petite fille à la figure expressive, aux grands yeux intelligents, vêtue d'une robe blanche et portant en sautoir une écharpe écossaise.

Ses *Epreuves stéréoscopiques* représentent des vues d'Albi. Certaines ne laissent rien à désirer comme photographies; mais la plupart des vues sont choisies d'une façon peu conforme aux exigences de l'art. L'on désirerait moins de murailles prises de face, moins de toits vus d'aplomb.

M. Prompt est plus heureux dans ses *Reproductions* de gravures, telles que le *Décaméron*, d'après Winterhalter, et surtout la *Belle jardinière*, d'après Raphaël.

Mais la partie faible de son exposition est assurément son *Portrait mi-corps et grandeur nature* agrandi d'après un cliché-carte. M. Prompt fera bien de renoncer à ces amplifications qui sont très-curieuses sans doute comme résultats scientifiques, mais qui sont détestables comme œuvres d'art.

Quoiqu'il en soit, M. Prompt est un photographe de talent. Il connaît bien son appareil; il se rend compte de ses travaux d'une façon scientifique, et il est capable de faire opérer de véritables progrès à son art. Il mérite donc à tous égards la médaille d'argent de 2e classe qui lui a été décernée.

4. — Une médaille de même importance a été accordée à M. Th. Marc, photographe à Castres.

Ses *Portraits en pied* se font remarquer par le soin des poses et l'absence des retouches.

Ses *Portraits-carte* sont clairs sans être blafards, harmonieux sans nuire au modelé. Les poses en sont variées et bien choisies. Et leur nombre considérable a permis au jury de se convaincre que M. Marc est un Photographe vraiment habile et digne de la récompense que lui attribue le jury.

5. — M. Aristide Benazech, photographe à Toulouse, a exposé six grands portraits, deux cadres de portraits-carte et des reproductions d'après la gravure et l'antique.

Deux de ses grands *Portraits* ne le cèdent à aucune des œuvres de ce genre qui se trouvent à l'Exposition et ils ont effectivement remporté les meilleurs suffrages du jury.

Ses *Portraits-carte* représentent presqu'exclusivement des bustes d'hommes. Ils sont modelés avec vigueur et exempts de ces clairs blafards qu'il n'a pas su éviter dans sa *Vue de Tunis*.

Ses *Reproductions* sont également très-satisfaisantes. Cependant sa *Sapho* ne vaut pas ses *Bahuts* du Moyen-âge.

Un rappel de médaille d'argent de 2e classe a été décerné à M. Benazech.

6. — M. Jean-Pierre Blanc, photographe à Gaillac, a exposé des spécimens de ses œuvres depuis 1854 jusqu'en 1866. De cette façon, l'on peut suivre pas à pas tous ses progrès, en même temps que tous les perfectionnements qui se sont succédés dans la photographie.

Ses *Clichés faits en Amérique* sont légèrement coloriés et se distinguent principalement par l'originalité des sujets qu'ils représentent. On examine avec plaisir son magnifique trotteur conduit par un *yankee* à longue barbe, son mulâtre de Maksville (Rivière Rouge), à la figure intelligente, au front large, à la chevelure luxuriante, et surtout son adorable brune de la Nouvelle-Orléans, malgré sa grande bouche que font aussitôt oublier ses grands yeux de velours noir.

Ses *Paysages* au collodion sec sont assez bien réussis, notamment celui qui représente un site des Pyrénées, très-pittoresque avec son gave mugissant, son pont rustique et ses pins sauvages.

Ses *Animaux* méritent également une mention toute particulière.

Ses *Portraits-carte* consistent principalement dans des bustes sur fond dégradé. Ils sont faits avec une lumière trop éclatante. De là, des oppositions trop fortes entre les teintes foncées qui dégénèrent en teintes noires et les teintes claires qui sont devenues blanchâtres.

Quant à ses deux grands *Portraits amplifiés*, ils sont peu réussis comme œuvres d'art. Mais ils sont d'autant plus dignes de remarque comme résultat scientifique, qu'ils sont dus à la machine qu'a perfectionnée M. Blanc lui-même.

Le jury a décerné à cet artiste un rappel de médaille d'argent de 2e classe.

§ IV. — **Médailles de bronze.**

7. M. Maugis; — 8. M. Cayré; — 9. M. Sérés.

7. — S'il est un chercheur consciencieux aux facultés les plus diverses, c'est assurément M. Maugis (Jean-Nicolas-Ferdinand), demeurant à Albi.

En ce moment, nous n'avons à rendre compte que de ses photographies, et, dans cette partie comme dans les autres, son œuvre est vraiment considérable.

M. Maugis est resté fidèle aux *Daguerréotypes* des premiers temps, et il semble les réserver pour reproduire les bonnes vieilles de l'Albigeois, dont le type se perd chaque jour et dont il nous conserve précieusement le costume pittoresque et la physionomie caractéristique.

Ses *Portraits-carte* sont exécutés d'une façon satisfaisante; ils se distinguent surtout par leur bon marché exceptionnel.

Un *Médaillon* représentant un enfant a été beaucoup remarqué. Ce n'est pas une simple photographie reproduisant le sujet avec exactitude, mais bien un véritable croquis d'artiste heureusement choisi et exécuté plus heureusement encore.

Son *Epreuve instantanée*, représentant un domestique à cheval, a tous les défauts des épreuves faites en plein soleil, sans avoir aucune de leurs qualités.

Le jury a, enfin, distingué son *Portail de l'église Saint-Michel de Lescure*. Cette photographie représente très-exactement ce curieux monument du XIIe siècle, composé de quatre archivoltes en plein cintre, ayant leurs angles saillants amortis en boudin et leurs voussures décorées de fleurons, d'entrelacs, de gros boutons et de damiers. On peut suivre dans tous leurs détails les nombreuses sculptures qui l'ornent et qui représentent la tentation d'Adam et d'Ève, le sacrifice d'Abraham, le châtiment du mauvais riche et la récompense du pauvre Lazare. On peut, enfin, se rendre un compte très-précis des mille accessoires qui s'y trouvent, tels que les trois chrismes en relief entourés chacun d'un cercle orné de damiers et la corniche horizontale qui termine l'avant-corps, et dont la tablette, décorée de palmettes, repose sur une rangée de modillons sculptés en têtes d'homme et d'animal, entre lesquels se détachent, en rappelant les métopes et les caissons de l'architecture antique, des masques orbiculaires et de superbes fleurons à pétales étalées. La vue de cette photographie remplace presque un voyage à Lescure. Le jury a accordé à M. Maugis une médaille de bronze.

8. — M. Marcelin Cayré, photographe à Réquista, n'a exposé aucun portrait proprement dit.

Il s'est borné à envoyer deux photographies faites instantanément à l'ombre et à l'insue des sujets, représentant : l'une un *Goitreux* atteint de démence, et l'autre un *Crétin* goîtreux. Ces deux épreuves au collodion humide sont une heureuse application de la photographie à la médecine.

Les deux *Vues de Rodez*, prises l'une de l'asile des aliénés et l'autre de la place de la Cité, sont d'une telle précision qu'elle dégénère presque en sécheresse.

Quant aux *Six épreuves au collodion sec*, elles reproduisent des gravures avec une fidélité parfaite, et elles ont spécialement valu à M. Cayré une médaille de bronze.

9. — Pareille récompense a été, enfin, accordée à M. Sérés, photographe à Cordes.

Le cadre que cet artiste a exposé renferme des portraits-cartes, des vues de Cordes et des reproductions de gravures.

Ses *Portraits-carte* sont satisfaisants. Et il est parmi eux certain portrait de jeune fille qui est très-heureusement réussi.

Ses *Reproductions de gravures* sont bien exécutées.

Mais il est impossible de ne pas constater que, pour ses *Vues de Cordes*, il aurait pu mieux faire. Les sites qu'il a représentés sont malheureusement choisis. Il ne devait pas donner des vues d'ensemble prises de très-loin et n'ayant, par suite, aucun intérêt, mais bien représenter ces ruelles tortueuses et pittoresques qui caractérisent la ville de Cordes, ces carrefours étroits dominés par de vieilles tours qui ont si bien conservé la physionomie curieuse du Moyen-âge, ces portes massives qui défendaient autrefois chacune des enceintes fortifiées, ces maisons ogivales, enfin, percées de fenêtres dont les voussures nombreuses reposent sur des faisceaux de colonettes à chapiteaux et dont les façades sont ornées de quadrupèdes, d'oiseaux et de figures humaines sculptés en haut relief.

Très-certainement, si M. Sérés avait exposé des photographies de ce genre, il aurait obtenu beaucoup mieux que la médaille de bronze qui lui a été attribuée.

Telles sont, Messieurs, les récompenses que vous avez accordées aux artistes photographes. Elles se résument ainsi :

1 diplôme d'honneur (M. Provost);

1 rappel de médaille d'or (M. Trantoul);

2 médailles d'argent de 2e classe (MM. Prompt et Marc);
2 rappels de médailles d'argent de 2e classe (MM. Benazech et Blanc);
3 médailles de bronze (MM. Maugis, Cayré et Sérés).

Albi, mai 1866.

DESAZARS.

ALBI, IMPRIMERIE DE M. PAPAILHIAU.

www.ingramcontent.com/pod-product-compliance
Ingram Content Group UK Ltd.
Pitfield, Milton Keynes, MK11 3LW, UK
UKHW021034180726
13838UKWH00004B/1794

9 782329 418629